„Meine Frau hat gesagt, ich soll mich bewerben…"

„Meine Frau hat gesagt, ich soll mich bewerben…"

Lustiges und Erstaunliches aus
Bewerbungen wie Lebensläufen

Andrea Runge

Bibliografische Information der Deutschen Nationalbibliothek: Die Deutsche Nationalbibliothek verzeichnet diese Publikation in der Deutschen Nationalbibliografie; detaillierte bibliografische Daten sind im Internet über http://dnb.dnb.de abrufbar.

© 2013 Andrea Runge
Illustration: **Ronny Stürmer**
Korrektorat/ Lektorat: **Texteragentur Gifhorn**
Herstellung und Verlag: BoD
Books on Demand, Norderstedt
ISBN: 978-3- 732243310

Vorwort

Bewerbungen zu schreiben, gehört heute zum normalen Alltag. Es gibt extra Lehrgänge, in denen man lernt, wie eine Bewerbung DIN gerecht geschrieben wird. Bereits ab der 8. Klasse lernen Schüler, wie man eine korrekte Bewerbung verfasst.

Bei der Recherche zu dem Ratgeber „Bewerbungshandbuch 2014" stolperten wir allerdings über unglaublichen Begebenheiten bei Bewerbungen, Lebensläufen sowie Vorstellungsgesprächen.

In diesem Buch finden Sie Beispiele für Fehler, Pannen und Pleiten bei der Bewerbung und Co. Wir haben diese Episoden für Sie zur Unterhaltung herausgesucht und in diesem Buch zusammengestellt.

Sie werden manchmal denken, das gibt es doch gar nicht. So kann man sich doch nicht benehmen oder so eine Bewerbung abzuschicken.

Doch genau diese Episoden wurden tatsächlich erlebt und wir haben diese lustigen

Beispiele, wie es gar nicht funktioniert mit der Bewerbung & Co., für Sie zusammen getragen und hier zu Papier gebracht.

Unsere Quellen waren hierfür etliche Bewerberforen im Internet und das Jobportal „Careerbuilder" wie die Süddeutsche Zeitung sowie unser Internetaufruf auf
www.ratundtat-verlag.de.

Wir bedanken uns auch bei vielen Personalleitern/innen, den unzähligen Sekretärinnen und Bewerbern, die uns mit Emails überhäuft haben, damit dieses Buch entstehen konnte.

Wir sind sicher, dass Sie schmunzeln und manchmal laut lachen werden, wenn Sie die nachfolgenden Seiten lesen werden.

Andrea Runge   September 2013

Bewerbungsschreiben

Das Bewerbungsschreiben oder auch Anschreiben ist das Kernstück einer Bewerbung. Häufig entscheidet das Bewerbungsschreiben darüber, ob der Lebenslauf sowie der Rest der Bewerbung gelesen werden bzw. ob man zu einem Vorstellungsgespräch eingeladen wird.

Also erscheint es logisch, wenn viel Zeit und Sorgfalt auf dieses Schreiben verwendet wird. Auch Flunkereien sollten im Rahmen bleiben, denn immerhin ist alles nachprüfbar. Doch diese kleinen Tipps scheinen bei manchem Bewerber auf taube Ohren getroffen zu sein.

Selbstüberschätzungen stehen ganz hoch im Kurs. Doch auch absolute Ehrlichkeit lässt uns fragen, was im Bewerber wohl vorgegangen ist.

Fazit: Die Auszüge aus den nun folgenden Bewerbungsschreiben lässt uns am Verstand und dem Können mancher Bewerber arg zweifeln.

Selbstüberschätzung und ihre sonderbaren Blüten

Ein Kandidat bewarb sich 2006 für den Posten des Clubmanagers des aufstrebenden englischen Premier-League Fußballvereins Middlesbrough.

Er hielt sich für qualifiziert, da er beim Computerspiel "Football Manager" sehr erfolgreich abgeschnitten hat.

Aber immerhin hat er auch schon eine reale Fußballmannschaft geleitet:

Das Team der unter 11-Jährigen von St. Paul.

Der englische Premier-League Fußballverein Middlesbrough war zu diesem Zeitpunkt ein bekannter aufsteigender Fußballverein, der in der zweiten Liga spielte und an erstmals an der Champions-League teilnahm. Der Fußballverein galt 2006 als Topfavorit für den Europapokal.

Für diese Managerstelle war ein erfolgreich abgeschlossenes Betriebswirtschaftsstudium als Mindestabschluss gefordert gewesen.

Wenn Fremdwörter fremd bleiben

Die Bewerbung auf die Stelle eines Sozialarbeiters in einem Schwulen- und Lesbenzentrum begründete der Anwärter so:

„Ich glaube dass ich mich sehr gut für die von Ihnen ausgeschriebene Stelle eigne, da ich auch bereits Erfahrungen in der Galvanik habe."

Unter Galvanik versteht man elektrochemische beziehungsweise chemische Verfahren der Metallumwandlung - die Technik kommt unter anderem bei der CD-Herstellung zum Einsatz.

Wieso diese fraglichen Erfahrungen mit diesem chemischen Verfahren jemanden für die Stelle eines Sozialarbeiters qualifizieren können, erschloss sich auch dem damals bearbeitenden Personalmanager nicht.

Uns übrigens auch nicht.

Bigamie und Nötigung

Ein Kandidat für eine Spedition gab als Familienstand "Zwei Freundinnen" ein.

In seiner "Ausbildung zur Spedition" (Zitat) gab er außerdem an, dass ihn das Arbeitsamt zu Bewerbungen nötigt.

Bewerbunk um Ausbildung zu SPedition

Werter Herr ….
Hiermit bewerbe ich mich bei euch für eine Ausbildung zur Spedition. Das Arbeitsamt hat gesagt ich muss etwas finden sonst ist es kein Geld. ….

Im nächsten Kapitel können Sie lesen, wieso wir diesen Kandidaten gleich noch einmal aufgeführt haben. Doch erst einmal stellen wir Ihnen das Original des „bemerkenswerten" Lebenslaufs von diesem Herren vor.

Lebenslauf

Name: M[...]

Geburtsdatum/Ort: [...]

Anschrift: [...] Tel: (030)[...], Mobil: (0174)[...], (0172)[...], (0176)[...]

Familienstand: 2 Freundinnen

Schulbildung

08/87 bis 07/99: Grund und Hauptschule in [...] fast mit Hauptschulabschluss

Berufsausbildung

10/00 bis 02/01: Lehre zu Mauerermeister in Dacherei von Freund

03/01 bis 05/03: JVA Berlin-Moabit wegn Korperferletzung - angeblisch (net so schlimm), Wascherei und Bipliotäk

07/03 bis 09/03: Untersuckungshafft wegen angeblisch Drogen, wieder Bipliotäkar

Berufspraxis

12/03 bis 04/04: Türsteher in Diskothek in Bremen

05/04 bis 08/04: Türsteher in Diskotheck in Hamburg

09/04 bis 12/04: Türsteher in Diskothek in Bremen

01/05 bis 06/05: Bildungsurlaup

07/05 bis 02/08: Selpstständig (Import Export)

Fortbildung

01/05 bis 06/05: Karate, Kunfu, Waffenkundigkeit, Autoschein, Deutschkurs (wegen Arbeisamt)

EINGEGANGEN 07. Feb. 2008

Name	M[redacted]
Geburtsdatum/Ort	04[redacted] Neukölln
Anschrift	[redacted] Tel: (0 30)[redacted] Mobil: (01 74)[redacted] (01 72)[redacted] (01 76)[redacted]
Familienstand	2 Freundinnen

Schulbildung

08/87 bis 07/99	Grund und Hauptschule in [redacted] fast mit Hauptschulabschluss

Berufsausbildung

10/00 bis 02/01	Lehre zu Mauerermeister in Dacherei von Freund
03/01 bis 05/03	JVA Berlin-Moabit wegn Korperferletzung – angeblich (net so schlimm) Wascherei und Bipliotäk
07/03 bis 09/03	Untersuckungshafft wegen angeblich Drogen wieder Bipliotäker

Berufspraxis

12/03 bis 04/04	Türsteher in Diskothek in Bremen
05/04 bis 08/04	Türsteher in Diskotheck in Hamburg
09/04 bis 12/04	Türsteher in Diskothek in Bremen
01/05 bis 06/05	Billdungsurlaup
07/05 bis 02/08	Selpstständig (Import Export)

Fortbildung

01/05 bis 06/05	Karate, Kunfu, Waffenkundigkeit, Autoschein, Deutschkurs (wegen Arbeisamt)

EINGEGANGEN
0 7. Feb. 2008

Überstunden und Bipliotäkar

Der gleiche Kandidat kann auch Überstunden machen, da seine "Frauen kochen" und er daher keinen Stress habe.

Seine Berufserfahrung: Maurer - Bibliothekar (geschrieben: Bipliotäk) - Türsteher.

Der Aufenthalt im Gefängnis wurde als „Bildungsurlaup" benannt, während nur ein paar Zeilen weiter oben im Lebenslauf zu lesen war, dass der betreffende Herr diese Zeit im Strafvollzug verbracht hatte.

Hier die Auszüge aus der Original-Bewerbung:

Bewerbunk um Ausbildung zu SPedition

Sehr geehrter Herr [...],

hiermit bewerbe ich mich bei euch für eine Ausbildung zur Spedition. Das Arbeitsamt hat gesagt ich muss etwas finden sonst ist keil Geld. Also ich habe bei [...] Kumpel der gesagt hat dass da ist Spedition [...]. Finde ich interessant weil ich mache im moment Import und Export selpstständig.

Ich habe viele Vortbildungen gemacht was sie sehen können auf mein Lebenslauf. Ich bin ser Motiviert weil ich möchte schnell geld Verdienen und als Spedition das geht ganz gut.

Ich denke ich kann sehr schnell lernen und kann Hilfreich sein in ihrer Firma bei importieren und exportieren. Ich bin höflisch, freundlig und immer Motiviert viel zu lern. Auch kann ich über Stunden machen weil meine Frauen kochen für mich so ich habe keinen Streß mit Einkäufen.

Über eine Einladunk zu ein Persönliches Gespräch wo ich sie über Zeugen kann mit meinen Argumenden und Forkentnissen würde ich mich sehr freuen und verbleibe mit Freundlichen Grüßen.

Berlin, Februar, 04 2008

Bewerbunk um Ausbildung zu SPedition

Sehr geehrter Herr,

hiermit bewerbe ich mich bei euch für eine Ausbildung zur Spedition. Das Arbeitsamt hat gesagt ich muss etwas finden sonst ist kein Geld. Also ich hab bei  Kumpel der gesagt hat dass da ist Spedition Finde ich interessant weil ich mache im moment Import und Export selpstständig.

Ich habe viele Vortbildungen gemacht was sie sehen können auf mein Lebenslauf.

Ich bin ser Motiviert weil ich möchte schnell geld Verdienen und als Spedition das geht ganz gut.

Ich denke ich kann sehr schnell lernen und kann Hilfreich sein in ihrer Firma bei importieren und exportieren. Ich bin höflisch, freundlig und immer Motiviert viel zu lern. Auch kann ich über Stunden machen weil meine Frauen kochen für mich so ich habe keinen Streß mit Einkäufen.

Über eine Einladunk zu ein Persönliches Gespräch wo ich sie über Zeugen kann mit meinen Argumenden und Forkentnissen würde ich mich sehr freuen und verbleibe mit Freundlichen Grüßen

Hochachtungsvoll

Ein Mann für alle Fälle

Ein allseits begabter Mitarbeiter ist heiß begehrt in Betrieben und Firmen. Das dachte sich wohl auch nachfolgender Bewerber und beschrieb in seiner Bewerbung auch manche Dinge, die besser ungesagt geblieben wären.

Hallo Firma!

Bin ich ganz nette, junge Mann, wollen arbeiten wie Schweine und Esel. Geld wichtig, drei Frau warten Haus, wollen kaufen Essen für 21 Kinder.

Ich viel nix müde, kann arbeiten ganz viel, auch stark ich, einmal schlagen Frau, Frau tot war, egal. Bin auch ganz fesche, andere sagen so auch wirklich, sehr viel schule ich, wissen wie Schafe schlachten.

Kann auch schiessen, in Dorf ich haben 18 große Mann geschossen mit Gewer, alle gleich tot, egal. Auch kann ich Auto fahren, habe in Dorf früher viele teppata Kinder überfahren, alle gleich tot, egal. Ganz korrekt bin ich, wenn Mann falsch machen, ich schlagen mit Kopf, dann mit Fuß und ganz lange.

Bitte, ich wollen arbeiten diese Arbeit, ok.

Deine Interesse, dann mit Handi drücken meine Nummer und yes machen.

Sehr freuen, wenn du mich Vorstellen sprechen wollen, Chef.

Meine Chef, du gute Mann.

Ich warten, ok.

Hallo Firma!

Bewerbung

Bin ich ganz nette, junge Mann, wollen arbeiten wie Schweine und Esel. Geld wichtig, drei Frau warten Haus, wollen kaufen Essen für 21 Kinder.
Ich viel nix müde, kann arbeiten ganz viel, auch stark ich, einmal schlagen Frau, Frau tot war, egal.
Bin ich auch ganz fesche, andere sagen so auch wirklich, sehr viel schule ich, wissen wie Schafe schlachten.
Kann auch schiesen, in Dorf ich haben 18 große Mann geschossen mit Gewer, alle gleich tot, egal.
Auch kann ich Auto fahren, habe in Dorf früher viele teppata Kinder überfahren, alle gleich tot, egal.
Ganz korrekt ich, wenn Mann falsch machen, ich schlagen mit Kopf, dann mit Fuß und ganz lange.

Bitte ich wollen arbeiten diese Arbeit, ok.

Deine Interesse, dann mit Hendi drücken meine Nummer und yes machen.
Sehr freuen, wenn du mich Vorstellen sprechen wollen, Chef.
Meine Chef du gute Mann.

Ich warten ok.
Name: Mahmut Katiloglu

Ernst gemeint oder nicht, auf jeden Fall abgeschickt

Sie werden es nicht glauben, aber diese Bewerbung landete tatsächlich auf dem Tisch der Personalabteilung von McDonalds Deutschland.

"Sehr geehrter McDonalds Chef

Hiermit bewerbe ich mich als Arbeita für Ihre McDonalds Filiale, weil meine Mutter sagt: „Junge, so kann das nicht weiter gehen, du hockst mit 27 den ganzen Tag nur auf der Couch rum und stopfst dir diesen ungesunden McDonalds Fraß rein, such dir entlich einen Job." Dies und nicht zuletzt die leckeren Chickenburger haben mir die Augen geöffnet, ich muss McDonalds-Arbeita werden.

Da ich das "McDonalds EIN MAL EINS" im Schlaf beherrsche, habe ich mit sicherheit die besten Forraussetzungen bei Ihnen eingestellt zu werden. Zudem verfüge ich über die fähigkeit zwei Big Tastys in nicht mehr als 40 sekunden zu verspeißen und kann nervige Kunden gut umgehen. Meine Neigungsfächer sind Deutsch, Biologi und alles andere (leida sind mir alle meine Zeugnisse bei einem mysteriösem Brand in unserem städtischen Freibad abhanden gekommen).

Zu meinen Freizeitaktivitäten gehört das Blaufärben von menschlichen Exkrementen und Urinieren in Aldi Tüten. Desweiteren klebe ich gerne Katzen an Laternen (mit Tesafilm) und erstelle meine eigenen Burger-Kreationen aus Big Tastys, Chicken Mc Nuggets und einem Mc Flurry. Das Ganze wird dann zur Abrundung Blau gefärbt. Wie sie sehen steckt viel Potential in mir, welches Sie sicher gebrauchen könnten. Bis demnächst und merken sie sich: "Ich liebe es"

Hochachtungvoll, XXXXXX XXXXXX"

Interessant, aber abgelehnt

1. Auch ein ehemaliger Mönch hat sich einmal für eine Stelle als Werbefachmann beworben und vor allem seine Hebräisch- und Aramäischkenntnisse betont.

2. Ein anderer Bewerber schickte, passend zu seinem komplizierten Adelstitel, ein Bild von sich in einem Ritter-Outfit, auf ein Langschwert gestützt. Ihm zu Füßen posierte ein blondes junges Mädchen, das ihn schmachtend anblickte.

3. Ein Student gab als Grund für den Wunsch eines Ingenieursstudiums seine Bewunderung für Michael Schumacher an.

4. Ein weiterer Bewerber legte mangels anderer Referenzen ein ausführliches Empfehlungsschreiben seiner Mutter bei.

5. Ein Chef bekam eine Bewerbung in einem Umschlag zugeschickt, auf den ein Auto gezeichnet war: Der Wagen

sei bei erfolgreicher Einstellung das Geschenk des Bewerbers.

6. Bei Hobbys gab ein Kanditat Playstation 2 spielen und seine Rekorde in den einzelnen Spielen an.

7. Um einen Ausbildungsplatz als Verkäufer bewarb sich ein junger Mann mit einem Satz und folgenden Worten:

„Wie Sie an Hand meiner Zeugnisse sehen können, beherrsche ich meine Muttersprache und bin in Mathe fit."

Ein Blick ins Zeugnis ließ den zukünftigen Arbeitgeber schmunzeln. Eine derartige Selbstüberschätzung war ihm bisher noch nicht untergekommen.

Muttersprache und Mathematik waren mit 4 bescheinigt worden.

Wochenenddienste – nein, danke

Am Wochenende arbeiten zu müssen, ist etwas, was keiner so richtig mag. Doch bei manchen Berufen sind die Wochenenddienste einfach notwendig.

Ein Bewerber begründete jedoch die Tatsache, von Freitag bis Sonntag nicht zur Verfügung stehen zu können, damit, dass er an diesen Tagen immer betrunken sei.

Anti-Bewerbung

Bewerbung als Kassierer bei euch?????

Hallo!

Mein Name ist xxx und ich wollte mich bei euch bewerben? Ich bin 17 Jahre alt und habe letztes Schuljahr meinen Real-Schul Abschluss an der Gesamtschule gemacht. Meine Hobbis sind Freunde trefen, zoggn: [CS 1.6, WoW (hab 2 70er), BF 1942 und BF2], schischa lounge, Hiphop hören und rollerfahren [aerox] & tunen!!
Ich will bei euch arbeiten, weil ich gerne im Supermarkt einkaufe FTW lol^^) und finde es voll intresant was, die Verkäufer so im laden machen. Das würd ich auch gern machen. Ich hab bis lang noch nicht Erfahrungen mit dem Job als Kassierers aber, schon Erfarung im Beruffsleben allgemein, weil ich hab in 9 Klasse in Praktikum bei tank Stelle Wolter gemacht. War richtig geil und hab auch Geld bekommen für mein gute Arbeitsmoral!!!

Ich würd mich freuen wenn, sie mir eine Antwort zu kommen lassen unter

*Anlagen fast vergessen^^*
Lebenslauf + Foto (schleche Quali, weil Handy - sorry!!!)
Zeugniskopin von Klasse 5-10
Computerkurs

Handy:
Telefon

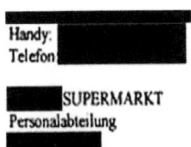 SUPERMARKT
Personalabteilung

Bremen

Bewerbung als Kasssierer bei euch????????

Hallo!

Mein Name ist ███████████ und ich wollte mich bei euch bewerben? Ich bin 17 Jahre alt und habe letzes Schuljahr meinen Real-Schul Abschluss an der ███████ Gesamtschule gemacht.
Meine Hobbis sind Freunde trefen, zoggn: [CS 1.6, Wow (hab 2 70er), BF1942 und BF2], schischa lounge, Hiphop hören und rollerfahren [aerox] & tunen!!
Ich will bei euch arbeiten weil, ich gerne im ███ Supermarkt einkaufe (███ FTW lol^^) und finde es voll intresant was, die Verkäufer so im laden machen. Das würd ich auc gern machen.
Ich hab bis lang noch nicht Erfarungen mit dem Job des Kassierers aber, schon Erfarung im Beruffsleben allgemein, weil ich hab in 9 Klasse in Praktikum bei tank Stelle Wolter gemacht. War richtig geil und hab auch Geld bekommen für mein gute Arbeitsmoral!!!!!!!!!

Ich würd mich freuen wenn, sie mir eine Antwort zu kommen dassen unter:

Handynummer
Telefonnummer

mfg
Manu ;-)))

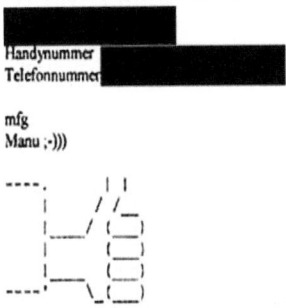

Anlagen fast vergessen^^:

Lebenslauf + Foto (schleche Quali, weil Handy – sorry!!!!)
Zeugniskopin von Klasse 5-10
Computerkurs

Ein möglicher Polizeianwärter?

Dieser Kandidat meinte, seine langjährige Erfahrung als Dealer qualifiziert ihn für die Polizei.

Bewerbung als Mitarbeiter bei der Drogenfahndung der Polizei

Peace,

Meine langjährige Erfahrung mit Drogen und mit der Polizei qualifizieren mich für den Job in der Drogenfahndung. Ob grüner, roter oder schwarzer Pot, ich arbeite mit allem gern. Und jeden Tag zu Euch zu kommen, ist mir lieber, als jeden Tag vor Euch wegzurennen.

Respect

Anmerkung: Dieser Kandidat wurde natürlich nicht genommen, aber seine Bewerbung wurde von der Personalabteilung ins Internet gestellt und dreht nun doch zu unserer allgemeinen Belustigung seine Runden.

Johnny
Puderstv
3304

Polizei
Postfach
6000 Luzern

Bewerbung als Mitarbeiter bei der Drogenfahndung der Polizei

Peace,

Meine langjährige Erfahrung mit Drogen und
mit der Polizei qualifizieren mich für den Job
in der Drogenfahndung. Ob grüner, roter oder
schwarzer Pot, ich arbeite mit allem gern. Und
jeden Tag zu Euch zu kommen ist mir auch
lieber, als jeden Tag vor Euch wegzurennen.

Respect

Humor kommt an

Diese Bewerbung kam in dem ehrlichen und humorvollen Stil sehr gut an. Die junge Dame wurde tatsächlich eingestellt.

„Sehr geehrte Damen und Herren!

Ich an Ihrer Stelle wäre echt voll genervt, wenn ich täglich unzählige Bewerbungen lesen müsste, die alle mit „Hiermit möchte ich mich bewerben..." anfangen. Ich frage mich sowieso, wer sich bei der heutigen Lage auf dem Arbeitsmarkt noch eine ernsthafte Bewerbung erlauben kann, denn 50 Bewerbungen und 50 Absagen sind nicht wirklich das Gelbe vom Ei. Meine ‚Mama' sagt immer: „Kind, geh schaffen und bring Kohle bei...!" Aber Sie wissen ja bestimmt wir Mamas so sind, sie haben sicher auch eine. Na ja, man muss sie verstehen, Mama will schließlich nur das Beste für mich. Fakt ist, ich suche eine Festanstellung als Sekretärin und ich will zu Ihnen. Natürlich könnte ich mich auch als Kassentippse bei Wal Mart, oder Köchin im Altenwohnheim bewerben (kochen kann ich nämlich auch und das sogar ganz gut), aber wer kocht schon gerne Sachen, die sowieso in den Mixer müssen...?! Eigentlich sollte ein Beruf Spaß machen. Für alles was mit Sekretariatsaufgaben zusammenhängt, habe ich noch sehr viele Ordner frei, die stelle ich Ihnen zu Verfügung. Einen IQ hab ich auch, nur in Mathematik und Latein nicht. Aber wer will denn schon wissen, wie hoch die Cheops-Pyramide auf dem Millimeter genau ist (sie ist SEHR hoch!) und wer spricht heute noch Latein? Niemand! Auf der anderen Seite kann ich Ihnen natürlich mit Excel problemlos ausrechnen, wie viele Säcke Reis in China jährlich umfallen und mit Power Point eine voll animierte Präsentation des Lebens der gemeinen Schmeißfliege im 13. Jahr hundert erstellen. Und bei Bedarf kann ich auch einem Engländer eine Brücke verkaufen. Mit einem wundervollen Ausblick auf den Rhein und Mainz-Kastell.

Wenn Sie mit dem lesen bis hierhin gekommen sind und sich immer noch nicht dafür entschieden haben, mich zu einem Vorstellungsgespräch einzuladen, dann dürfen Sie meine Bewerbung gerne ausdrucken und einen Papierflieger basteln. Mal ganz im Ernst, heutzutage schreibt doch jeder Jobsuchende eine Bewerbung mit dem Gedanken, dass er sowieso eine Absage bekommt, bei mir wird's wenigstens ein Papierflieger. Aber ich gebe zu bedenken: Das Leben ist eines der härtesten –

besonders für eine 22jährige Berufseinsteigerin, die eine Festanstellung sucht. Auf Wunsch schicke ich Ihnen natürlich auch noch eine dieser langweiligen Standardbewerbungen (hab' ich alles gelernt) und natürlich auch mit Foto. Leider habe ich daheim keine Scanner, deshalb ist auch keines dabei.

Bis ich im Januar 2007 bei Ihnen anfangen kann, habe ich auch schon ein ganzes Jahr Berufserfahrung zusammen und das SAP zu meinem besten Freund gemacht (okay, guter Bekannter). Dann kann ich auch kundenorientiert arbeiten, so wie bei der EDS, wo ich meine Ausbildung absolviert habe. (Oh no, dieses Wort ruiniert den Stil meiner Bewerbung, das muss ich schnell ändern.) Kundenkontakt ist was tolles, die Hosen sind längst nicht so schnell durchgescheuert.

Bis demnächst (hoffentlich), jetzt liegt es an Ihnen. Oh Gott, was soll ich anziehen?

Ich grüße Sie"

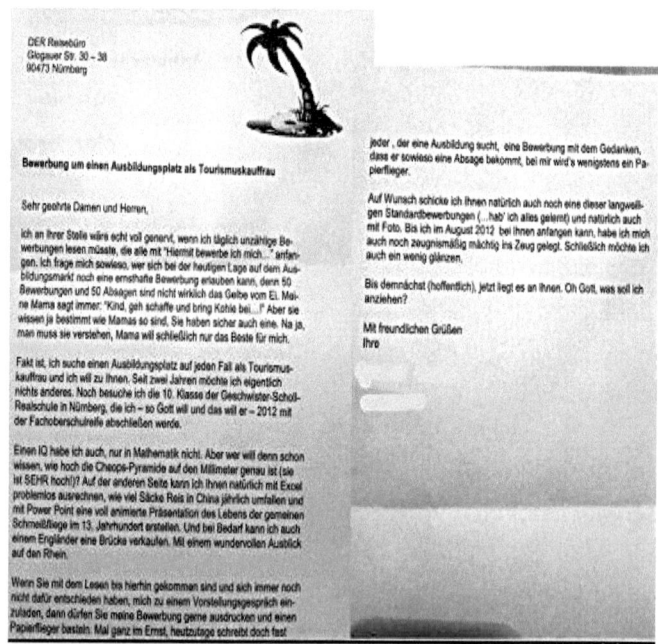

Quelle: www.echtlustig.de/bewerbung

Absolute Ehrlichkeit zahlt sich manchmal aus

Dieser Bewerbungsfragebogen von McDonalds wurde wirklich so ausgefüllt und der Bewerber wurde auch tatsächlich eingestellt!

1. Name/Vorname:
Jancqueur, Herve

2. Alter:
28

3. Gewünschte Stellung:
Horizontal, und zwar so oft wie möglich. - Jetzt mal ernsthaft, ich mache alle Arten von Arbeiten. Wenn ich wirklich in der Lage wäre, Ansprüche zu stellen, wäre ich jetzt nicht hier.

4. Gehaltsvorstellungen:
51.000 DM brutto im Jahr, plus Weihnachtsgeld und Extrazulagen. Wenn das nicht möglich ist, machen sie mir ein Angebot, wir können verhandeln.

5. Ausbildung: Ja.

6. Letzte Anstellung:
Lieblingszielscheibe eines sadistischen Abteilungsleiters

7. Letztes Gehalt:
Unter meinem tatsächlichen Niveau.

8. Offenkundige Erfolge (im Rahmen dieser Arbeit):
Eine unglaubliche Ausstellung von gestohlenen Kugelschreibern, die zur Zeit in meiner Wohnung zu besichtigen ist.

9. Gründe für Ihre Kündigung:
Siehe Frage Nr. 6.

10. Verfügbarkeit:
Egal wann

11. Gewünschte Arbeitszeiten:
Von 13.00 bis 15.00 Uhr, montags, dienstags und donnerstags.

12. Haben Sie besondere Fähigkeiten?
Natürlich, aber diese sind in einem intimeren Bereich als in einem Fast - Food Restaurant von Nutzen.

13. Dürfen wir Ihren aktuellen Arbeitgeber kontaktieren?
Wenn ich einen hätte, wäre ich nicht hier.

14. Hindert sich Ihre physische Verfassung, etwas zu heben, das schwerer ist als 20Kg?
Das kommt drauf an. 20kg von was?

15. Haben Sie ein Auto?
Ja. Aber die Frage ist falsch formuliert. Sie müsste

vielmehr heißen: "Besitzen Sie ein Auto das noch fährt, und haben Sie den entsprechenden Führerschein?" - Die Antwort auf diese Frage wäre ohne jeden Zweifel eine andere.

16. Haben sie schon einen Wettbewerb gewonnen oder eine Auszeichnung erhalten?
Eine Auszeichnung nicht aber ich habe schon zweimal drei Richtige im Lotto getippt.

17. Rauchen Sie?
Nur beim Sex.

18. Was möchten Sie in 5 Jahren machen?
Auf den Bahamas wohnen, zusammen mit einem superreichen Top-Model, das mich vergöttert. Um ehrlich zu sein, möchte ich das jetzt schon, wenn Sie mir sagen könnten, wie ich das anstellen soll.

19. Können Sie uns bestätigen, dass die oben gemachten Angaben vollständig und wahrheitsgemäß sind?
Nein, aber es liegt an Ihnen, das Gegenteil zu beweisen.

20. Welches ist der Hauptgrund, sich bei uns zu bewerben?
Dazu habe ich zwei Versionen: 1. Die Liebe zu meinen Mitmenschen, ein profundes Mitgefühl und die Möglichkeit, anderen zu helfen, satt zu werden.

ODER: 2. Horrende Schulden. Was denken Sie?

Wenn Hilfe schief geht

Eine Bekannte wollte einem Freund helfen bei der Bewerbung um einen Ausbildungsplatz in einem Baumarkt. Also gab sie ihm ihre Bewerbung (natürlich für einen ganz anderen Beruf) und sagte ihm, er solle sie auf seine Ansprüche abändern. Nicht schlecht staunte sie, als er ihr ein paar Tage seine Bewerbung gab.

Das lustige Ergebnis war folgendes:

Bewerbung zum Auszubildenden beim Obimarkt

An den Geschäftsführer

Sehr geehrte Damen und Herren,

hallo, ich bin Walter und komme aus Frankfurt Niederrad. Nachdem ich die Hauptschule abgeschlossen habe, habe ich mir Gedanken gemacht was ich als Nächstes machen könnte. Und dann habe ich meinen Kumpel Joachim gefragt, er hat gesagt „Geh zum Obi, das hab ich auch gemacht".

- und auf ihn habe ich auch gehört weil er ein zuverlässiger Mensch ist und immer gute Tipps gibt. Dann wollte ich sofort Kaufmann werden und habe und habe ich mich dann

auf die Suche nach einer Stelle gemacht. Und darum bewerbe ich mich bei Ihnen um eine Ausbildungsstelle.Meinen Hauptschulabschluss habe ich an der Hauptschule in Frankfurt, in der Seilerstraße absolviert. Ich war immer sehr zuverlässig und war insgesamt nur wenige Tage krank gewesen, und war kein einziges mal zu spät gekommen. Bei Zweifeln dürfen Sie sich bei meinen ehemaligen Lehrern informieren, die meine Aussagen nochmals bestätigen. Die Telefonnummern können Sie aus der Webseite meiner Schule entnehmen, diese lautet:

www. (hab ich weggestrichen)

Bei Ihrem Obi Markt habt ihr von mir große Vorteile und könnt nur profietieren:

- Mein Kumpel, und auch sein Vater, arbeiten auch beim Obi und können mir in Zukunft immerwieder im Beruf helfen und Tipps geben.

- Der Markt ist etwa 5-10 Minuten zu Fuß weg von mir also muss ich nicht extra weit fahren wie die anderen und komme immer pünktlich.

- Ich mache viel Bodybuilding und bin dadurch auch sehr stark, somit habe ich auch eine große Ausdauer und kann schwere Sachen tragen.

- Durch meine guten Englisch-Kenntnisse kann ich für Sie auch mal Dokumente übersetzen oder mit Ausländischen Händlern Sachen besprechen.

Von der Schule aus habe ich mal früher ein Praktikum als Altenpfleger gemacht, das war auch in Frankfurt. Aus dieser Form einer Tätigkeit habe ich gut gelernt mit Menschen umzugehen, bin sehr kontaktfreundlich und helfe anderen auch gerne.

Außerdem hab ich früher ganz lange das PC-Spiel Gothic gespielt; das ist ein Rollenspiel, und da muss man auch viel mit Menschen reden, dort habe ich auch viel gelernt. Gothic II ist sogar besser (aber nur technisch, die Story ist langweilig), dafür kann man da gegen Drachen kämpfen und der Endboss ist auch nicht ohne! Voll geil, das müssen Sie auch mal spielen, aber den Teil 1 würde ich zuerst empfehlen. Wenn Sie dann Hilfe brauchen, ich kann helfen. Grand Fantasia habe ich auch lange gespielt (das ist ein Anime Online-RPG) und da ist

es wichtig, selbst auf die Leute zuzugehen, genau wie in diesem Beruf.

Aus den Online-Spielen habe ich übrigens gut Englisch gelernt. Die Aussprache ist mangelhaft, aber die Schrift beherrsche ich sehr gut.

Ich hoffe, dass noch Ausbildungsplätze frei sind! Ich danke Ihnen vielmals, schreiben Sie mir einfach, ob Sie mich jetzt als Auszubildenden nehmen oder nicht. Falls Sie mich nicht einladen, dann bitte Ich Sie, mir möglichst schnell zu schreiben (oder auch anrufen geht auch) und mir meine Bewerbungsmappe zurückzuschicken, die Papiere können Sie ruhig wegschmeißen, aber die Mappen sind teuer, musste ich von meinem eigenen Geld bezahlen, dann kann ich mich nämlich noch woanders bewerben, denn ich gebe jetzt nicht Geld für 10-20 Mappen aus!

Danke! Mit freundlichen Grüßen [Unterschrift]

PS.: Bitte nur auf mein Handy anrufen, weil das Telefon bei mir derzeit spinnt und der Anrufbeantworter nicht jedesmal richtig funktioniert. Oder schreiben Sie mir am besten Ihre Antwort in Briefform. Ich danke für Ihr Verständnis.

Die Bekannte überarbeitete noch einmal komplett die Bewerbung und der junge Mann bekam dann sein Ausbildungsplatz. Die ursprüngliche Bewerbung aber fand sie so lustig, dass sie diese ins Internet stellte.

Überstunden vielleicht und böse Ehefrauen

Diese Bewerbung wurde ebenfalls abgeschickt, aber hatte keinen Erfolg. Kein Wunder:

„Heinz xxx, Adresse
Siemens Ag, Adresse
Betr. Bewerbung als Montierer, Elekrohelfer oder anderes…….

Sehr geehrte Damen und Herren,

Ich habe gestern Ihre Stellenanzeige in der Mopo gelesen, dadurch wurde mein Interesse ein wenig geweckt! Und aus diesem Grunde würde ich mich gern bei Ihnen für die o.g. Arbeiten bewerben und evtl. für Sie arbeiten. Da ich eigentlich schon alles gemacht habe, komme ich auch für alle Tätigkeiten in Frage.

Vorsorglich möchte ich Sie darauf hinweisen, das Schichtarbeit für mich nicht in Frage kommt, weil dies aus gesundheitlichen Gründen nicht möglich ist (ärztliche Atteste anbei). Überstunden wären schon möglich, ich gebe aber zu bedenken, daß meine Frau meistens böse wird, wenn ich erst nach 16 Uhr komme. Also sollten Überstunden die absolute Ausnahme bleiben, soweit es mein Gesundheitszustand an diesem Tag überhaupt zulässt. Da ich, wie sie aus meinem Lebenslauf ja ersehen können, schon oft arbeitslos war, möchte ich jetzt wieder mal was tun, und dafür ist ihre Fa. genau die Richtige, schließlich wird das Geld vom Arbeitsamt ja auch immer weniger !. Ich könnte mich auch, auf ihre Kosten natürlich, weiterbilden, wenn es denn sein muss, aber eigentlich brauche ich das nicht, denn ich kann ja schon alles.

Mit meinen Kollegen bin ich meistens sehr gut ausgekommen, am besten haben wir uns immer in der Kneipe verstanden, na ja nicht immer, ein paar Schlägereien gabs schon mal, also nichts besonderes. Allerdings gabs solche Auseinandersetzungen nie am Arbeitsplatz, wir sind immer rausgegangen und haben das dann geregelt !

Bei meinen Kumpels bin ich als ziemlich zuverlässig bekannt und das sagt die Wirtin meiner Stammkneipe auch (meine Zettel bezahl ich meistens pünktlich). Im Grossen und Ganzen bin ich natürlich auch pünktlich, meistens jedenfalls, verschlafen kann ja schließlich jeder mal, oder ? Und es passiert ja auch nicht jeden Tag.

Über eine großzügige Urlaubsregelung müssten wir natürlich noch sprechen, denn es wäre doch ziemlich umständlich Ihnen jedes Mal ein Krankmeldung vorbeizubringen, wenn ich mal ein paar Tage Urlaub brauche. Wie mir ein ehemaliger Mitarbeiter von Ihnen (kenne ich aus meiner Stammkneipe) berichtete, soll die Arbeit ja sehr anstrengend bei Ihnen sein. Naja, meine Devise lautet, man sollte nichts übertreiben, und schon gar nicht bei der Arbeit. Damit bin ich immer gut gefahren, das können Sie mir glauben.

Also, ich würde mich evtl. freuen, wenn Sie sich bei mir melden würden, und wir mal ein bisschen plaudern könnten. Mein Vorschlag wäre, das wir uns mal bei Inge (meine Stammkneipe) treffen, da ist es sicher auch gemütlicher als bei Ihnen im Büro. Am besten wäre es, wenn Sie mich dort anrufen würden, weil ich sowieso meistens da bin (außer donnerstags, da bin ich immer bei Heinz, da gibt's Do. immer Freibier).

Da ich mir ziemlich sicher bin, das ich der Richtige für Ihre Fa. bin und Sie mich einstellen werden, habe ich noch eine Bitte an Sie : Wir haben diesen Monat bei Inge ganz schön gefeiert, sie hat auch die Bierpreise erhöht und aus diesem Grund bin ich finanziell etwas klamm, aber was solls, man lebt ja nur einmal, und da wollte ich Sie mal höflich fragen, ob Sie mir dann bei Inge auch gleich einen kleinen Vorschuss geben könnten, es kann auch ein Scheck sein, aber Bargeld wäre mir natürlich lieber, dann könnte ich auch gleich meinen Zettel bei ihr bezahlen. Ich gebe Ihnen dann natürlich auch einen aus, ach was solls, fangen wir doch gleich mit dem DU an. Also, ich gebe DIR einen aus.

So, dann erstmal Tschüss……….

Anlagen: Lebenslauf

ein Passbild von mir und Bild von Inge

Heinz XXXX"

Meine Frau hat gesagt, ich soll mich bewerben

Nicht ohne Grund wurde diese Bewerbung zu unserem Titel. Diese Bewerbung ist so unglaublich ehrlich, dass wir gehofft haben, der Bewerber hatte wider Erwarten Erfolg damit.

„Sehr geehrte Frau Krüger,

gezwungenermaßen habe ich Ihr Stellenangebot auf Wunsch meiner Frau mit Interesse lesen müssen. Meine Frau sagt, dass dieser Job genau der Richtige für mich ist.

Aber ich fühle mich für dieses Stellenangebot völlig geplatziert. Angeblich sei ich im Projektmanangement äußerst kreativ und kann ganz gut mit Kunden umgehen.

Na ja jedenfalls, wenn einem die Scheiße bis zum Hals steht, sollte man den Kopf nicht hängen lassen. Daher mache ich in Ruhe dieses Anschreiben fertig, obwohl meine Frau im Hintergrund ganz schön drängelt.

Sie meint, ich soll schreiben, dass ich ein zuverlässiger, engagierter, hoch motivierter Mensch bin, der ganzheitliches Denken, Sorgfalt, Kundenorientierung, Belastbarkeit, Analyse- und Problemlösefähigkeit, schnelles, effektives und durchdachtes Arbeiten mitbringt [...]. Und ein bisschen Englisch kann ich auch noch, soll ich noch mitteilen.

So, ich werde nun mein Anschreiben hiermit beenden.

Ich freue mich schon auf Ihre entspannte Ablehnung. Damit kann ich meiner Frau zeigen, dass ich Recht habe.

Sie brauchen nicht traurig sein, dass ich nicht der Richtige bin. Kopf hoch und lächeln! Ich wünsche mir von ganzem Herzen, dass Sie die oder den Richtige/n für das tolle Stellenangebot finden.

Ach ja, anbei sende ich meinen Lebenslauf mal auf Englisch und mein letztes Arbeitszeugnis zu, sonst bekomme ich Stress mit meiner Frau.

Mit freundlichem Gruß,

Quelle: http://www.bewerberblog.de/2010/08/%E2%80%9Emein-frau-hat-gesagt-ich-soll-mich-bei-ihnen-bewerben/

...dann nehmen Sie doch mich

Frechheit siegt? Nicht immer. Hier haben wir ein Beispiel dafür, was so gar nicht ankommt bei Personalleitern.

Falls Sie keinen finden, ich wäre der mit der vergleichbaren Ausbildung.

Aber mir fehlt die Praxiserfahrung mit SAP, hat ja auch jeder, gibt's auch an jeder Ecke. Zertifikat ist vorhanden.

Die Praxiserfahrung in der Administration von Arbeitsplatzrechnern und Netzen beweise ich seit 7 Jahren, mit Unterbrechungen.

Ich hab nur keine Lust auf Bewerbungsodyseen, bei denen nichts rauskommt. Entweder man braucht mich oder eben nicht. Wenn Sie die anderen Bewerber raussortiert haben, sende ich Ihnen gern noch ein paar Unterlagen per mail, falls ich nichts weiter von Ihnen höre hat sich das dann eben erledigt.

Falls Sie keinen finden, ich wäre der mit der vergleichbaren Ausbildung.

Aber mir fehlt die Praxiserfahrung in SAP, (hat ja auch jeder, gibts auch an jeder Ecke) Zertifikat ist vorhanden.

Die Praxiserfahrung in der Administration von Arbeitsplatzrechnern und Netzen beweise ich seit 7 Jahren, mit Unterbrechungen.

Ich habe nur keine Lust auf irgend solche Bewerbungsodyseen, bei denen nichts rauskommt. Entweder man braucht mich oder eben nicht. Wenn Sie die anderen Bewerber raussortiert haben, sende ich Ihnen gern noch ein paar Unterlagen per mail, falls ich aber nichts weiter von Ihnen höre hat sich das dann eben erledigt.

Quelle: http://www.bewerberblog.de/2011/05/wenn-sie-keinen-besseren-finden-nehmen-sie-halt-mich/

Bewerbung auf HESSISCH!

Bewerbungen sollten in fehlerfreiem Hochdeutsch abgefasst werden. Natürlich sehen wir ein, dass es hartnäckige Vertreter der landestypischen Mundart und Dialektes gibt. Nur ist es fraglich, ob der Personalleiter auch ein Vertreter dieser Spezies ist.

Guude Tach,

isch hab Ihr Adress vonerem Kumpel gekrischt un vielleischt habbe se ja ebbes für misch, z. B. als Hausmaista. Isch heiß Karl-Heinz Gebbard, die Kumpels nenne mich allerdings "Schobbe".

Geborn bin isch am 25.10.55 in Hanau. Isch seh zwar älter aus, aber isch war auch lang krank.

Mei Schulaubildung is 12 Jahr Grundschul Groß-Krotzebosch mit anschließender Lehre als Feinmeschaniker, Einzelhandelskaufmann un dann Gas-Wasser Installateur. Die erste zwei warn nix, die dritt hab isch dann 1989 abgeschlosse. Dadenach war isch korz für 5 Jahr net verfügbar.
(Isch will net drübber redde. Dumm Sach! - Vergesse beim Aldi zu bezahle...).

Isch bin handwecklisch äußest geschickt un deschnisch wersiehrt und hätt auch grad Zeit, da mein letzter Chef net mit mir zurechtgekomme is. Dazu muss isch sagge, dass isch hin und widder gerne mal ein zwitscher, aber net uff de Abbeit, höchsten in de Frühstüchspaus und Mittagspaus, unn aach e klaa Kaffepaus werd ja wohl drin sein. Mer werd ja aach viel ruhischer nach so em klaane Hütsche. Sie wisse schon, gell.

Aber zurück zu dämm Grund vo meim Schreibe. Isch such Abbeit. Jetzt aach net grad so rischtich was Schweres (mer werd ja net jinger, gell), eher sowas mit beuffsischtische von Wohnunge unn Schigganiern von Leut, die wo da drin wohne - des kann isch. Des letzte mal war isch aach Hausmeister innerem Hochhaus, unn glaab isch hab mer da so e paar Fertischkeide angeeischnet, die wo mir bei Ihne helfe könnt. Isch kann sehr gut:

- *Über de Hof brülle*
- *Kinner vom Rase verscheusche*
- *Autos uffschreibe die am falsche Packplatz stehe*
- *Fußbäll platt schtesche*
- *Türn uffschtemme odda eitrede*
- *Im Keller rummgeistern*
- *Putzplän kontrolliern*
- *Schmierfinke bei de Polizei abliffern*
- *Ausländer trietze*
- *un sowas all*

Außerdem hab isch aach wie gesacht Heizungbauer gelernt. Bei de GWS Koth in Heddernheim. Leider sinn die Zeuschnisse irschendwie verschlampt worn, net von mir, da bin isch sehr gewissenhaft, des muss en annern gewese sein. Aber Hand uffs Herz - nur Aanser. Isch dät misch freue, wenn Sie mir Geleschenheid gäbe däte, misch emal persehnlisch vorzustelle. (Isch dät auch e klaa Likörsche mitbringe - da babbelt sisch leichter, gell).

Ansonsten verbleib isch Ihnne
Ihrn Karl-Heinz Gebbard
PS: Vor 11:00 gehts net, da hab isch Frühschobbe

Kreativ und auffallen um jeden Preis

1. Auffallen um jeden Preis?
   Eine Jobaspirantin verfasste ihr Bewerbungsschreiben auf schmuckem zartblauen Briefpapier, dessen Rand mit süßen Teddybären geschmückt war.

2. Eine ganz schlaue Bewerberin versuchte, den Personalchef mit mehr als bloß guten Referenzen zu überzeugen: Sie legte sicherheitshalber auch ein Foto bei, das sie in einer knappen Cheerleader-Uniform zeigte.

3. Wenn die eigene Schwester einen Erdbeer-Ess-Wettbewerb gewonnen hat, gehört das in die Bewerbung. Das dachte sich eine Jobsuchende.

Lebenslauf

Der Lebenslauf sollte ehrlich sein und möglichst ohne Lücken.

In den nachfolgenden Beispielen offenbarten sich dafür andere Lücken und Tücken.

So waren manche Kandidaten so gründlich, dass sie auch belanglose Dinge anführten.

Besonders die Hobbies mancher Bewerber erstaunten uns sehr. Vor allem, wie offen die Personen damit umgingen.

In manchem Lebenslauf fanden wir kleine, aber lustige Fehler, die wir nicht vorenthalten wollten.

Schicksalsschläge und andere L(T)ücken im Lebenslauf

1. Schwere Schicksalsschläge können einem das Leben vermiesen. Als Grund für eine dreimonatige Lücke im Lebenslauf gab ein Bewerber an, er habe über den Tod seiner Katze hinwegkommen müssen.

2. Eine Arbeitsvermittlerin bekam einmal den Lebenslauf einer Bewerberin mit der Angabe: 1986 bis 1995 Familienhase. Das "P" für die Familienphase war ihr wohl abhandengekommen.

3. Ein Bewerber für einen Job als Bürohilfskraft erwähnte im Lebenslauf unter der Überschrift "persönliche Daten" nicht nur Gewicht und Größe sondern auch, dass er "seit 1980 Nichtraucher" sei.

4. Ein Anderer gab unter der Überschrift "besondere Eigenschaften" an: "Führerschein Klasse 3, Punkte in Flensburg: 0". Wohlgemerkt ging es um den Job in einem Technologiekonzern, nicht um eine Stelle in einem Taxi- oder Fuhrunternehmen.

5. Ein anderer Bewerber für den gleichen Studiengang hatte auf die Frage im Bewerbungsbogen, warum er unbedingt nach Deutschland kommen wollte, klare Gründe: Er lobte die guten Autos, die schnellen Züge und die V2-Raketen. Ein anderer erzählte, dass er als Kind für einen fehlenden Schraubendreher in seinem Werkzeugkasten einen mit einem "Made in Germany" Logo bekommen hätte, und dass dieser noch immer funktionieren würde.

6. Ein anderer Arbeitgeber fand unter dem Punkt "Hobbies" die Angabe, dass der Bewerber gerne nachts auf Dämmen sitzt, um Alligatoren zu beobachten. Es ging um einen Bürojob.

7. Ehrlich währt am längsten dachte sich ein Aspirant und gab bei einem Gefängnisaufenthalt folgendes an: „Wir stahlen ein Schwein. Aber es war ein sehr kleines Schwein."

8. Unter Hobbys fand sich in einem Lebenslauf ein sehr aufschlussreiches Hobby: Exzessives Masturbieren.

Erotik und Co. in der Bewerbung

1. Das Thema Erotik kam auch bei einer anderen Bewerbung nicht zu kurz: Im Bewerbungsschreiben brüstete sich der Jobsuchende damit, über eine vollständige Sammlung der Playboy-Hefte der vergangenen Jahre zu verfügen. Auch eine Qualifikation?

2. Eine Personalleiterin bekam in ihrer Zeit bei diversen Werbeagenturen so manche kuriose Bewerbung in die Finger: So sei bei einer Bewerbung das Bild eines jungen Mannes beigelegt gewesen, der in Tiger-Unterhose kniend auf einem Bett posierte, vor dem Hintergrund einer Glasbausteinwand.

3. Für die Bewerbung für eine Ausbildung zur Groß- und Außenhandelskauffrau legte eine Schülerin ein Foto bei, auf dem sie im Negligé posierte.

4. Exhibitionismus steht in jedem Land der Welt unter Strafe. Trotzdem gab ein Bewerber für einen Bürojob an, dass er sehr gut im Nacktarbeiten sein.

Zeugnisse und Referenzen, die sich sehen lassen können

- Als Referenz für eine Stelle als Administrator reichte ein Kölner seine langjährige Mitgliedschaft bei einem Karnevalsclub ein.

- Eine andere erstaunliche Referenz war der Titel und die Urkunde des Entenkönigs aus der Grundschule bei einem Auszubildenden als Tierarzthelfer.

- Ein amerikanischer Student legte bei der Bewerbung für einen Master-Studiengang ein Referenzschreiben seines Schwimmlehrers (Wettkampfmannschaft des Colleges) bei, in dem dieser die hervorragenden Computerkenntnisse des Bewerbers lobte. Der Student habe immer bei Computerproblemen geholfen, so habe er Programme wie Windows installiert und die Benutzung von Word/Excel/Powerpoint erklärt.

- Ein Bewerber aus Cleveland konnte nicht mit Referenzen aufwarten, da diese alle bei einem Feuer zerstört wurden und die jeweiligen früheren Arbeitsstellen brannten leider auch ab.

- Ein anderer Bewerber verfasste folgenden Satz und machte es sich ganz einfach mit den Referenzen: „Fragen Sie Gott."

Anlagen, die es in sich haben

Anlagen sind nicht zu unterschätzen bei einer Bewerbung. Immerhin dokumentieren diese Anlagen Ihren bisherigen Werdegang. Für viele Unternehmen sind diese Anhänge ganz entscheidend bei der Vergabe eines Jobs.

Offenbar wussten das auch die nachfolgenden Bewerber und fügten Anlagen bei, die uns immer wieder zum Lachen brachten.

Damit Sie sehen, dass wir uns das nicht ausdachten, sondern dass es sich um echte Bewerbungen handelte, haben wir die entsprechenden Schreiben mit eingefügt.

Wir bitten die teilweise schlechte Qualität zu entschuldigen, leider haben wir die Bewerbungen so bekommen.

Die Sterbeurkunde im Anhang

Dieses Bewerbungsschreiben erreichte uns von einem Personalmanager aus den USA. Wir haben es übersetzt und wollten es Ihnen auf keinen Fall vorenthalten.

Bewerbungsschreiben

Da ihr technischer Leiter leider gestorben ist, bewerbe ich mich hiermit für die Nachbesetzung seiner Stelle.

Jedes Mal wenn ich mich für einen Job bewerbe, bekomme ich die Antwort dass im Moment keine Stelle frei ist. Diesmal bin ich mir aber sicher dass der Posten noch zu haben ist, da ich selbst auf seiner Beerdigung war und mich selbst davon überzeugt habe dass er tot ist.

Im Anhang an dieses Schreiben finden Sie eine Kopie meines Lebenslaufes sowie eine Kopie der Sterbeurkunde.

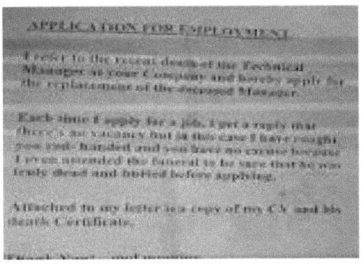

Mottoliste

Ein Hartz IV Empfänger fügte seiner Bewerbung eine Mottoliste bei. Darin enthalten waren seine sexuellen Vorlieben. Die Mottoliste enthielt Angaben zu den Themen "Erholen", "Schlafen", "Gymnastik", "Zahnweh", "Grippe", "Migräne", "Sex" und "Kunst".

Die ArGe kam ihm leider auf die Schliche und erwirkte vor Gericht erfolgreich eine Unterlassung dieser Mottoliste.

Nachzulesen unter Sozialgericht Hamburg, Gerichtsbescheid vom 04.11.2010, - S 4 AS 1786/10 -

Die Schinken-Anlage

Erstaunt dürften die Mitarbeiter einer Universität in Deutschland gewesen sein, als sie diese Bewerbung auf einen Studienplatz für bildende Künste sahen.

Gefordert war eine Mappe mit aktuellen Arbeiten des Bewerbers. Dieser Künstler fand wohl, dass ein Foto von seinem aktuellen Werk nicht die Dramatik und die darin steckende Kunst herüber bringen könne. Darum schickte er sein Werk im Original an die Universität. Einen Monat später erhielt der Künstler nicht die ersehnte Zusage für seinen Studienplatz, sondern diese Aufforderung:

Sehr geehrter Herr Richter,

Sie haben sich zu Beginn des Jahres für einen Studienplatz im Studiengang Bildende Künste beworben und dazu eine „Mappe" eingereicht, die nur aus Schinken bestand. Inzwischen ist der Schinken verdorben.

Bitte holen Sie die Mappe bis Montag, d.14.02. 2011 ab. Andernfalls sehen wir uns gezwungen, aus hygienischen Gründen die Mappe zu vernichten.

Mit freundlichen Grüßen

Xxxxx

Ref. für Studienangelegenheiten

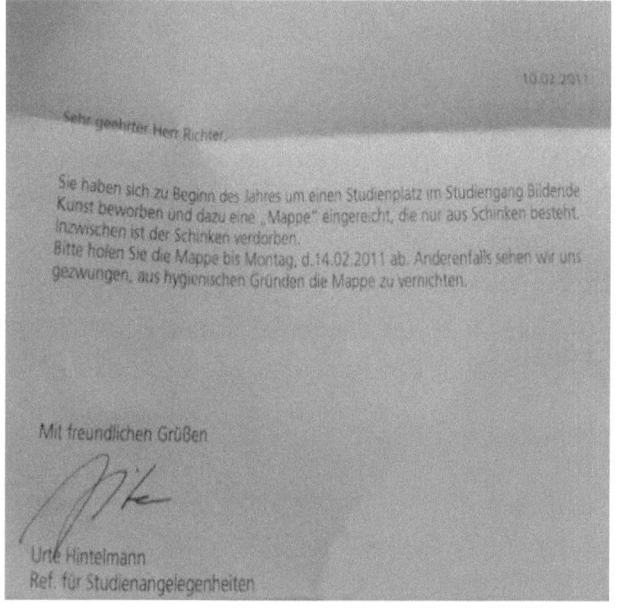

Lustige Namen von Emailadressen

Mittlerweile ist es selbstverständlich, dass Bewerbungen auch per Email angenommen werden. Doch so mancher Personalleiter staunt nicht schlecht, wenn er dann die Namen der doc. Anhänge oder die fantasievollen Emailnamen liest. Einige Kuriositäten haben wir Ihnen hier zusammengestellt.

- geilesmiststück@
- Flotter.feger04@
- Tittchen27@
- Eisbrecher68@
- Heisse-braut21@
- Dein.pimmel.stecher@
- Mäuschen24@

Bildanhänge lauteten mitunter:

- Mamas-bild-bearbeitet-echt-geil-jetzt
- 142-Versuch-Bild-schöner-machen
- Bewerbung-mutti-überarbeitet-felix-überarbeitet-vatiüberarbeitet-endlichfertig-Baby
- Jetzt-siehst-du-richtig-gut-aus-du-stück-scheisse

Vorstellungsgespräche mal anders

Ein Freund von mir sagte einmal, Vorstellungsgespräche haben viel mit einer Prüfung gemeinsam: Man ackert vorher wie verrückt, umso weit zu kommen und dann muss man innerhalb einer kurzen Zeit sein Gegenüber von seinen Kenntnissen überzeugen.

Er hatte sicher Recht, doch das rechtfertigt kaum die merkwürdigen Verhaltensweisen und lustigen Antworten in den Bewerbungsgesprächen.

Wir fanden die Antworten lustig genug, um sie hier zu verewigen.

Ich bedanke mich an dieser Stelle noch einmal der tatkräftigen Unterstützung von unzähligen Sekretärinnen und Personalmanagern.

Die merkwürdigsten Verhaltensweisen

1. Die Familienunterstützung bei einzelnen Bewerbungsphasen ist ja nicht schlecht, aber gleich die Mutti zum Vorstellungsgespräch mitzubringen und das bei einem Alter des Bewerbers von 43 Jahren, ist etwas bedenklich.

2. Bitte wählen Sie Ihre Zeitplanung so, dass Sie nicht wie ein Bewerber den Gesprächsführer bitten müssen, sich zu beeilen, da der Bewerber keine Zeit für ein langes Bewerbungsgespräch habe.

3. Angst vor dem Bewerbungsgespräch ist etwas völlig normales. Aber dass ein Bewerber auf die Toilette flüchtete und nie zurückkam, mutet etwas sehr merkwürdig an.

4. Mit dem Gesprächsführer zu flirten, so hoffte eine Bewerberin, würde sie dem ersehnten Job näher bringen. Leider war es nicht so. Der gute Mann empfand das Verhalten der Bewerberin als Belästigung.

5. Einige Dinge sollten einfach im Gespräch unterbleiben, auch wenn Sie Ihnen Sicherheit geben. So bohrte sich ein Bewerber während des Gesprächs andächtig in der Nase.

6. Besserwisserei hat schon so manchen Kandidaten die Chance auf einen Job verdorben. Der Gesprächsführer betonte, dass man für den Job angemessen gekleidet sein müsse. Daraufhin erwiderte der Bewerber, dass er sich im Jogginganzug wohler fühle.

7. Grundbegriffe aus dem Bereich des von Ihnen ersehnten Jobs sollten schon sitzen. Anders bei einem Bewerber für eine Stelle im IT-Support. Siegessicher behauptete er, er könne alles - sowohl Computer als auch Autos reparieren und außerdem auch reinigen - einfach alles. Die Begriffe "Festplatte" und "Speicher" sagten ihm allerdings nichts.

8. Die Zigarette nach dem Gespräch wird Ihnen niemand übel nehmen, aber das sieht anders aus, wenn der Bewerber sich mitten im Gespräch eine Zigarette anzündet.

9. Zum Gespräch sturzbetrunken aufzutauchen, hat einem Bewerber in den USA kein zweites Gespräch eingebracht, sondern eine Absage.

10. Das Handy klingelte mitten in dem Bewerbungsgespräch und der Bewerber ging

ran. Dann widmete er sich voll und ganz dem Telefoninterview mit dem Konkurrenzunternehmen. Er bekam beide Stellen nicht.

11. Gut aussehen, ist eine wichtige Voraussetzung für ein Vorstellungsgespräch, aber doch nicht mitten im Gespräch: Eine Kandidatin legte großen Wert auf ihr Aussehen. So weit, so richtig. Dennoch wirkt es nicht sonderlich gut, wenn man während dem Interview beginnt, sich zu frisieren.

12. Hier kann man nur sagen: Blöd gelaufen. Vor dem persönlichen Vorstellungsgespräch werden Bewerber manchmal telefonisch interviewt. Dazu braucht man verständlicherweise Ruhe. Ein Kandidat zog sich auf das "Stille Örtchen" zurück. Dass er während des Gesprächs die Spülung betätigte, beleidigte den Interviewer dann doch ein wenig.

13. War das eine Anmache oder einfach nur Dummheit? Eine Kandidatin fragte den Interviewer, ob er sie nach dem Vorstellungsgespräch noch nach Hause bringen könnte.

14. Jeder Mensch hat gewisse Talente. Entsprechend sollte man sich auch für

geeignete Jobs bewerben. Ein Kandidat für die Stelle als Buchhalter gab beim Vorstellungsgespräch allerdings an, dass er eher ein "Menschentyp" sei und kein Zahlenfreund.

15. Also der Job sollte schon mit Ihren Eigenschaften übereinstimmen oder man sollte sich bewusst sein, dass einige Jobs auch Ausschlusskriterien besitzen. Ein Kandidat gab beim Interview an, dass er an Nachtblindheit leidet. Das wäre nicht weiter tragisch. Allerdings bewarb er sich für eine Stelle als Nachtwächter.

16. Wie man die "Work-Life-Balance" gleich beim Vorstellungsgespräch einbringen kann: Als das Handy eines Kandidaten läutete, bat er den Personalverantwortlichen, den Raum zu verlassen. Denn es handle sich um ein privates Gespräch. Das Interview fand im Büro des Personalchefs statt.

17. Sehr zukunftsorientiert: Ein Bewerber gab beim Vorstellungsgespräch gleich zu bedenken, dass er den Job sicher nicht allzu lang machen würde. Denn er erwarte eine schöne Erbschaft, wenn sein Onkel das Zeitliche segnet. Und er sehe "nicht allzu gut aus".

18. Ein fast klassischer Fehler bei einer Standardsituation: Die Frage, warum er sich gerade bei diesem Unternehmen beworben hat, beantwortete ein Kandidat schlicht mit: „Weil mich die Konkurrenz abgelehnt hat."

19. Einem Kandidaten wurde vor dem Gespräch etwas zu Essen angeboten. Er lehnte das Angebot aus gutem Grund ab: Er möchte nichts Fettes essen, bevor er auf Sauftour geht.

20. Eine gewisses Durchsetzungsvermögen kommt sicher gut an, auch gegenüber Vorgesetzten. Ein Kandidat gab es aber zu deutlich zu verstehen: Er erwähnte gleich beim Vorstellungsgespräch, dass er seinen vorigen Job verlor, weil er seinen Chef verprügelt hat.

„Warum möchten Sie für uns arbeiten?"

„Ich wäre ein großer Gewinn für das Team. Ich mache nämlich wahnsinnig gern Party."

„Wegen der Sozialleistungen."

„Ich bin bei Twitter über den Job gestolpert und dachte mir: Na gut, warum nicht?"

„Mein alter Chef mochte mich nicht. Also bin ich einfach irgendwann aufgestanden und gegangen. Und jetzt sitze ich hier!"

„Ich hab auf der Industrie- und Handelskammer-Homepage geguckt und mir die ersten fünf Adressen rausgeschrieben. Da war Ihre mit drunter gewesen."

„Was sind Ihre Schwächen?"

„Ich werde schnell sauer, und ich bin für häusliche Gewalt eingelocht worden. Aber keine Sorge: Auf Sie könnte ich nicht sauer werden."

„Ich habe Probleme, morgens aufzustehen. Deshalb verschlafe ich öfter."

„Ich bin Alkoholiker und verdiene diesen Job gar nicht."

„Ich bin nicht so der Lern-Typ. Wissen Sie, manche Menschen lieben das Lernen und schnappen ständig neue Dinge auf. Aber so bin ich einfach nicht. Ich möchte lieber dort arbeiten, wo der Job easy ist und sich nicht viel ändert."

"Ich leide unter Kleptomanie. Aber ich bin seit einer Woche in Therapie und habe gute Erfolgsaussichten."

Aber auch das gibt es:

„Warum arbeiten Sie nicht mehr in Ihrem letzten Job?"

„Ich habe ein Problem mit Autoritäten."

"Ich musste da richtig hart arbeiten. Von 8 bis 16 Uhr. Das war inhuman."

„Wann können Sie anfangen?"

„Oh, das müsste ich noch mit meiner Mama absprechen."

„Wie war das noch mal mit dem Urlaub und der Krankschreibung bei Ihnen?"

„Warum möchten Sie einen neuen Job?"

„Meine Eltern haben gesagt, ich bräuchte Arbeit. Deshalb sitze ich jetzt hier."

„Zigaretten werden immer teurer, wissen Sie. Da musste ich mir eben etwas einfallen lassen."

„Meine bisherigen Kollegen gingen mir auf die Nerven."

„Gibt es noch irgendetwas, das wir über Sie wissen sollten?"

„Mhm, wahrscheinlich sollten Sie wissen, dass ich an den Wochenenden schlammcatche."

„Erzählen Sie uns von einem Fehler, den Sie begangen haben - und wie Sie damit umgingen."

„Ich habe in meinem alten Job Büromaterial mitgehen lassen. Dann musste ich die Kosten erstatten." Dieser Beitrag wurde von einem Versicherungskonzern eingesandt.

„Wann haben Sie Führungsqualitäten bewiesen? Nennen Sie uns ein Beispiel."

„Also, das beste Beispiel sind wohl die Online-Video-Games. Die hab ich voll im Griff und schmeiße den Laden. Dazu braucht es schon einiges."

"Ich bin Mutter von 13 Kindern. Ich koordiniere und organisiere alles. Und das seit 20 Jahren."

„Meine Hausarbeiten delegiere ich grundsätzlich an meine Schwester. Meine Mutter hat das nie mitbekommen. Also ich denke, das sind durchaus Führungsqualitäten."

„Ich war mal Stellvertreter vom Boss der Gang, in der ich war."

„Ich war Mannschaftskapitän beim Handball."

Grundsätzliche Bewerberfragen

Einige Bewerberfragen sollten vielleicht nicht gestellt werden.

„Können wir das hier schnell unter Dach und Fach bringen? Ich habe heute noch was vor."

„Hat Ihr Unternehmen eine bestimmte Strategie, was Abwesenheiten an Montagen angeht?"

„Wenn das hier nicht funktioniert, darf ich Sie anrufen, um ein Date mit Ihnen auszumachen?"

„Darf mein Papa Sie anrufen, und Sie erzählen ihm etwas über den Job? Er ist echt sauer, dass ich nicht Medizin studiere – und vielleicht könnten Sie ihm erklären, wie eine Karriere an der Börse funktioniert."

„Wenn Sie mir ein Angebot machen – wie viel Zeit habe ich, bevor ich zum Drogentest muss?"

„Wenn Sie den Werdegang der Kandidaten auschecken, kommen dann solche Sachen wie Festnahmen wegen Trunkenheit in der Öffentlichkeit ans Licht?"

„Wenn Sie eine Frucht wären - welche Frucht wäre das?"

„Könnten Sie mir eine Führung durch Ihre Wickel- und Stillräume geben? Ich habe gehört, dass die so toll sind hier. Ich plane zwar, in den nächsten zehn, zwölf Jahren keine Kinder zu bekommen, aber danach würde ich sie definitiv benutzen wollen."

„Also, wie viel zahlen die Ihnen dafür, dass Sie solche Interviews machen?"

„Machen Sie in dem Laden pünktlich Feierabend? Ich habe dann immer noch was vor."

Ausreden sollten nicht zu kreativ ausfallen

„Und dann ist glatt die U6 ausgefallen, kaputte Stromleitungen oder so was, erst mal bin ich vorm Bahnhof rumgeeiert, bis ich geschnallt habe, dass ja auch ein Bus zu Ihnen rausfährt, naja, bis ich den schließlich gefunden hatte, der fuhr erst in zwanzig Minuten, und dann wurde es echt knapp, ist ja auch viel weiter draußen hier als man denkt..."

Das kommt auch nicht gut an

Ein Bewerber war mit seinem Motorrad zum Vorstellungsgespräch gefahren, aber er war nicht bereit, während des Gesprächs den Helm abzunehmen. Er war der Ansicht, man solle sich doch besser eine Vorstellung von seinen Fertigkeiten machen, statt von seinem Aussehen.

Die Anfahrt kann mitunter recht ermüdend sein. Das ist aber keine Entschuldigung dafür, dass ein Bewerber beim Vorstellungsgespräch eingeschlafen ist.

Bei Auszubildenden kann es jeder verstehen, wenn ein Familienangehöriger mitgebracht wird. Aber wenn die Bewerberin das stolze Alter von 54 Jahren erreicht hat und sich auf die Stelle als Chefsekretärin eines mittleren Unternehmens bewirbt, dann sollte die betagte Mama doch besser im Auto warten.

Den Begriff „des familiär geführten Unternehmens" hat ein anderer Bewerber wohl auch falsch verstanden. Er brachte freudig seine ganze Familie (17 Personen) mit und stellte sie dem Personalleiter im Gespräch einzeln vor.

Eine Bewerberin demonstrierte ihre große Tierliebe, in dem sie ihr Hündchen zu dem Gespräch mitbrachte. Fatal war, es handelte sich um einen Job in einer Großküche und der Hund kommentierte jede Frage des Personalleiters mit wütenden Gekläff.

Nervosität kann seltsame Blüten treiben. Eine Kandidatin bat mitten im Gespräch um eine Zigarette – ein Joint wäre ihr aber lieber.

Eine andere Bewerberin wollte wohl die Atmosphäre etwas auflockern und erzählte fröhlich sowie sehr umfassend von ihrem Liebesleben.

Ganz anders eine andere Kandidatin. Denn sie saß da und schwieg. Auf keine der Fragen wusste sie eine Antwort. Als man sie schließlich aufforderte, zu erzählen, warum sie überhaupt da sei, stammelte sie: „Keine Ahnung." Wie wahr.

Merkwürdige Forderungen von Arbeitgebern

Wir haben auch einige Episoden gefunden, die uns an der Kompetenz von so manchem Personalleiter zweifeln lassen.

Der Personalchef eines mittleren Unternehmens zu einem Bewerber: "Wir suchen einen Mann mit Phantasie, einen Mann mit Tatkraft, Entschlossenheit und Feuer, einen Mann, der niemals aufgibt, einen Mann, der andere begeistern kann: kurz, einen Mann, der unsere Kegelmannschaft vom letzten Platz wegbringt!"

Wenn gar nichts mehr geht – Stellengesuche, die es in sich haben

Manch einer unserer Kandidaten dachte sich wohl, dass er den Leitsatz „Auffallen – um jeden Preis" umsetzen müsste.

So auch bei Stellengesuchen:

> **Stellengesuche**
>
> **Schlampig, faul, demotiviert!!!**
> 37-jährige Bürokauffrei sucht ruhigen Job in top-Firma mit 1a Gehalt und wenig Arbeit. Ein paar Kenntnisse im PC-Bereich sowie minimale Erfahrung in der Kundenbetreuung, Sekretariat und Organisation sind vorhanden. Teamgeist, Flexibilität, Belastbarkeit sowie SAP-Programme sind nicht unbedingt meine Stärke. Mein jetziger Arbeitgeber hat mich noch nicht rausgeschmissen, trotzdem suche ich mir lieber schon mal was Neues. Interesse?
> **Chiffre 3352/00**

Absage – na und

Es gehört einfach zum Bewerbungsablauf, dass man mitunter abgelehnt wird. Die meisten von uns nehmen das einfach hin.

Einige Bewerber aber müssen unbedingt das letzte Wort haben, egal, ob das klug ist oder nicht.

Die Beschimpfungen haben wir uns gespart, aber es gab ein paar lustige Antwortschreiben auf Absagen, die wir Ihnen nicht vorenthalten wollten.

Antwortschreiben zum Schmunzeln

Sehr geehrter...

wir bedanken uns für Ihre Bewerbung und das damit zum Ausdruck gebrachte Interesse an einer Mitarbeit in unserem Unternehmen.

Es ist uns nicht leicht gefallen, unter der Vielzahl qualifizierter Bewerbungen eine Auswahl zu treffen. Leider können wir im engeren Kreis der Bewerber nur diejenigen Kandidaten berücksichtigen, deren Qualifikationsprofil den spezifischen Anforderungen der ausgeschriebenen Stelle entspricht.

*Wir bewundern überdies Ihren Ehrgeiz, uns von Ihren Qualitäten zu überzeugen. Dennoch empfehlen wir, den Punkt **"98 Prozent positive Ebay-Bewertungen"** in zukünftigen Bewerbungen zu vermeiden, da es zum einen unüblich ist, zum anderen weit weniger relevant als Studium und Werdegang.*

Ich wünsche Ihnen für Ihren weiteren beruflichen Weg alles Gute und viel Erfolg.

Mit freundlichen Grüßen

Heidelberg, 13.09.2013

Sehr geehrter ▮▮▮▮▮

wir bedanken uns für Ihre Bewerbung und das damit zum Ausdruck gebrachte Interesse an einer Mitarbeit in unserem Unternehmen.

Es ist uns nicht leicht gefallen, unter der Vielzahl qualifizierter Bewerbungen eine Auswahl zu treffen. Leider können wir im engeren Kreis der Bewerber nur diejenigen Kandidaten berücksichtigen, deren Qualifikationsprofil den spezifischen Anforderungen der ausgeschriebenen Stelle entspricht.

Wir bewundern überdies Ihren Ehrgeiz, uns von Ihren Qualitäten zu überzeugen. Dennoch empfehlen wir, den Punkt „98 Prozent positive Ebay-Bewertungen" in zukünftigen Bewerbungen zu vermeiden, da es zum einen unüblich ist, zum anderen weit weniger relevant als Studium und Werdegang.

Ich wünsche Ihnen für Ihren weiteren beruflichen Weg alles Gute und viel Erfolg.

Mit freundlichen Grüßen,

Die „zeitnahe" Antwort

Manchmal haben Unternehmen eine sehr merkwürdige Auffassung von Zeit. So erging es diesem jungen Mann, der eine Initiativbewerbung verfasste und korrekt am 28.02.2011 per Email abschickte.

Er bat in seiner Bewerbung um eine Eingangsbestätigung. Umso erstaunter war er, als am 14. 11. 2012, also fast 2 Jahre später, diese Bestätigung samt einer Ablehnung eintraf.

Eine Absage absagen

Diesen Brief haben wir in einem Internetforum gefunden. Schade, dass des mit diesem Bewerber nicht geklappt hat.

Sehr geehrte Frau __,

vielen Dank für Ihren Brief vom 25. März. Nachdem ich sorgfältig über Ihre Absage auf meine Bewerbung nachgedacht habe, bin ich leider zu dem Entschluss gekommen, Ihre Absage nicht akzeptieren zu können.

Ich habe dieses Jahr eine hohe Anzahl Absagen erhalten und sehe mich leider nicht in der Lage, weitere Absagen entgegennehmen zu können.

Trotz Ihrer freundlichen, vorgeschriebenen Absage, entspricht sie momentan nicht meinen Bedürfnissen - daher bedauere ich Ihnen mitteilen zu müssen, dass ich die Lehrstelle als Kaufmann bei Ihnen am 18. August antreten werde.

Ich freue mich schon darauf, Sie persönlich kennenzulernen. Ich wünsche Ihnen für die Zukunft viel Glück dabei, Kandidaten abzulehnen - hoffentlich klappt es das nächste Mal.

Freundliche Grüße xxxxxx

Sehr geehrte Frau ▮▮▮▮

Vielen Dank für Ihren Brief vom 25. März. Nachdem ich sorgfältig über Ihre Absage auf meine Bewerbung nachgedacht habe, bin ich leider zu dem Entschluss gekommen, Ihre Absage nicht akzeptieren zu können.

Ich habe dieses Jahr eine hohe Anzahl Absagen erhalten und sehe mich leider nicht in der Lage, weitere Absagen entgegennehmen zu können.

Trotz Ihrer freundlichen, vorgeschriebenen Absage, entspricht sie momentan nicht meinen Bedürfnissen - daher bedauere ich Ihnen mitteilen zu müssen, dass ich die Lehrstelle als Kaufmann bei Ihnen am 18. August 2013 antreten werde.

Ich freue mich schon darauf, Sie persönlich kennen zu lernen.

Ich wünsche Ihnen für die Zukunft viel Glück dabei, Kandidaten abzulehnen - hoffentlich klappt es das nächste Mal.

Freundliche Grüsse,

▮▮▮▮ ▮▮▮▮

Eine Frage der Altlasten

Ein junger Mann hatte sehr gute Chancen auf einen Job, für den er sich beworben hatte. Die Personalleiterin hätte ihn gern erreicht, aber leider hatte er keine Kontaktdaten eingetragen. Also versuchte sie ihn über das Internet ausfindig zu machen. Was ihr auch gelang über eine so genannte Altlast in einem sozialen Netzwerk. Danach hatte sich die Einstellung erledigt. Grund war diese Jugendsünde.

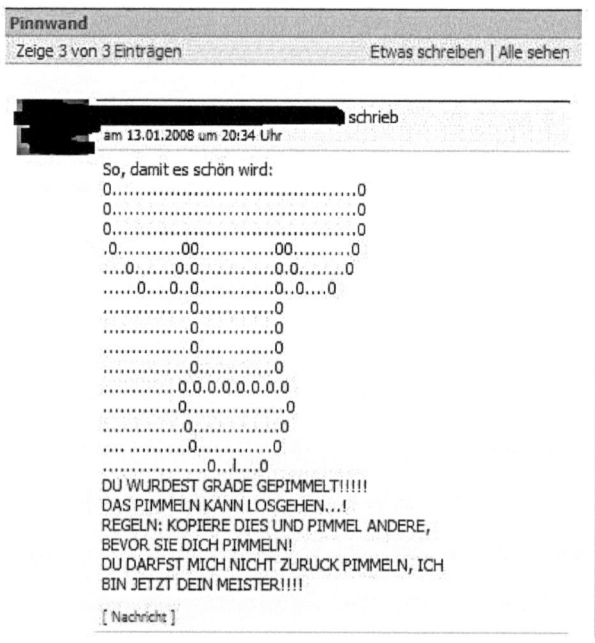

Inhalt

Vorwort ... 0

Bewerbungsschreiben ... 2

Selbstüberschätzung und ihre sonderbaren Blüten 3

Wenn Fremdwörter fremd bleiben ... 4

Bigamie und Nötigung ... 5

Überstunden und Bipliotäkar ... 9

Ein Mann für alle Fälle ... 11

Ernst gemeint oder nicht, auf jeden Fall abgeschickt ... 13

Interessant, aber abgelehnt ... 15

Wochenenddienste – nein, danke ... 17

Anti-Bewerbung ... 18

Ein möglicher Polizeianwärter? ... 20

Humor kommt an ... 22

Absolute Ehrlichkeit zahlt sich manchmal aus ... 25

Wenn Hilfe schief geht ... 28

Überstunden vielleicht und böse Ehefrauen ... 32

Meine Frau hat gesagt, ich soll mich bewerben ... 35

…dann nehmen Sie doch mich ... 37

Bewerbung auf HESSISCH! ... 39

Kreativ und auffallen um jeden Preis ... 41

Lebenslauf 42
  Schicksalsschläge und andere L(T)ücken im Lebenslauf 43
  Erotik und Co. in der Bewerbung 45
Zeugnisse und Referenzen, die sich sehen lassen können 46
Anlagen, die es in sich haben 48
  Die Sterbeurkunde im Anhang 49
  Mottoliste 50
  Die Schinken-Anlage 51
  Lustige Namen von Emailadressen 53
Vorstellungsgespräche mal anders 54
  Die merkwürdigsten Verhaltensweisen 55
  „Warum möchten Sie für uns arbeiten?" 60
  „Was sind Ihre Schwächen?" 61
  „Warum arbeiten Sie nicht mehr in Ihrem letzten Job?" 62
  „Wann können Sie anfangen?" 62
  „Warum möchten Sie einen neuen Job?" 62
  „Gibt es noch irgendetwas, das wir über Sie wissen sollten?" 63
  „Erzählen Sie uns von einem Fehler, den Sie begangen haben - und wie Sie damit umgingen." 63

„Wann haben Sie Führungsqualitäten bewiesen? Nennen Sie uns ein Beispiel." 64

Grundsätzliche Bewerberfragen 65

Ausreden sollten nicht zu kreativ ausfallen 67

Das kommt auch nicht gut an 68

Merkwürdige Forderungen von Arbeitgebern 70

Wenn gar nichts mehr geht – Stellengesuche, die es in sich haben 71

Absage – na und 72

Antwortschreiben zum Schmunzeln 73

Die „zeitnahe" Antwort 75

Eine Absage absagen 76

Eine Frage der Altlasten 78

Erschienen sind ebenfalls:

Bewerbungshandbuch 2014/15 – bewerben Sie sich erfolgreich zum Nulltarif

Erhältlich in Ihrem Buchhandel oder im Internet unter: **ISBN 9783732288762**

Ernährungs- und Diätmythen – warum die meisten Diäten nicht funktionieren

Erhältlich in Ihrem Buchhandel und im Internet unter:

ISBN 9783732254996